나에게 소중한 M과 E 그리고 J.x에게 – 사만타 루이스
바르고 행복하게 살아가되, 서두르지 말고 천천히 만나렴. 앰플과 잭에게 – 하오 하오

지은이 **사만타 루이스**

화학 석사 학위를 취득한 후 잠시 과학 교사로 일했습니다.
현재 영국 런던에 살면서 BBC와 Netflix 등과 함께 과학 다큐멘터리와 팟캐스트를 개발하고 제작하고 있습니다.

그린이 **하오 하오**

중국 베이징 중앙희극학원에서 무대 디자인을 전공하고 일러스트레이터로 활동 중입니다.
《원소의 하루》를 비롯한 다양한 아동서와 일러스트 작업을 하고 있습니다.

옮긴이 **한성희**

텍사스 A&M 대학교 석사 과정에서 저널리즘을 전공하고, 현재 전문 번역가로 활동 중입니다.
그동안 《가짜 뉴스와 진짜 뉴스를 구별할 수 있어?》《우주에서 외계인을 찾는 과학적인 방법》《그림으로 보는 세계의 놀라운 건축물》《하루살이에서 블랙홀까지, 대자연의 순환》《아하, 그래서 이런 차이가 있구나!-닮은 듯 다른 400가지 어휘 도감》《어마어마한 곤충의 모든 것》 외 다수를 번역했습니다.

원소의 하루

우리의 하루를 만드는 놀랍고 경이로운 과학의 세계

초판 1쇄 발행 2025년 12월 20일

지은이 사만타 루이스 **그린이** 하오 하오 **옮긴이** 한성희

펴낸이 윤상열
기획편집 서영옥 최은영 **디자인** DESIGNPARK **마케팅** 윤선미 **경영관리** 김미홍
펴낸곳 도서출판 그린북 **주소** 서울 마포구 방울내로11길 23 두영빌딩 3층
전화 02-323-8030~1 **팩스** 02-323-8797
이메일 gbook01@naver.com **블로그** blog.naver.com/gbook01

Consultancy by Professor Andrea Sella.
With thanks to Professor Stephen Sweeney, Dr Leonardo Pantoja Munoz, Professor Tara Shears, Professor Andy Newsam.

ISBN 978-89-5588-895-9 77430

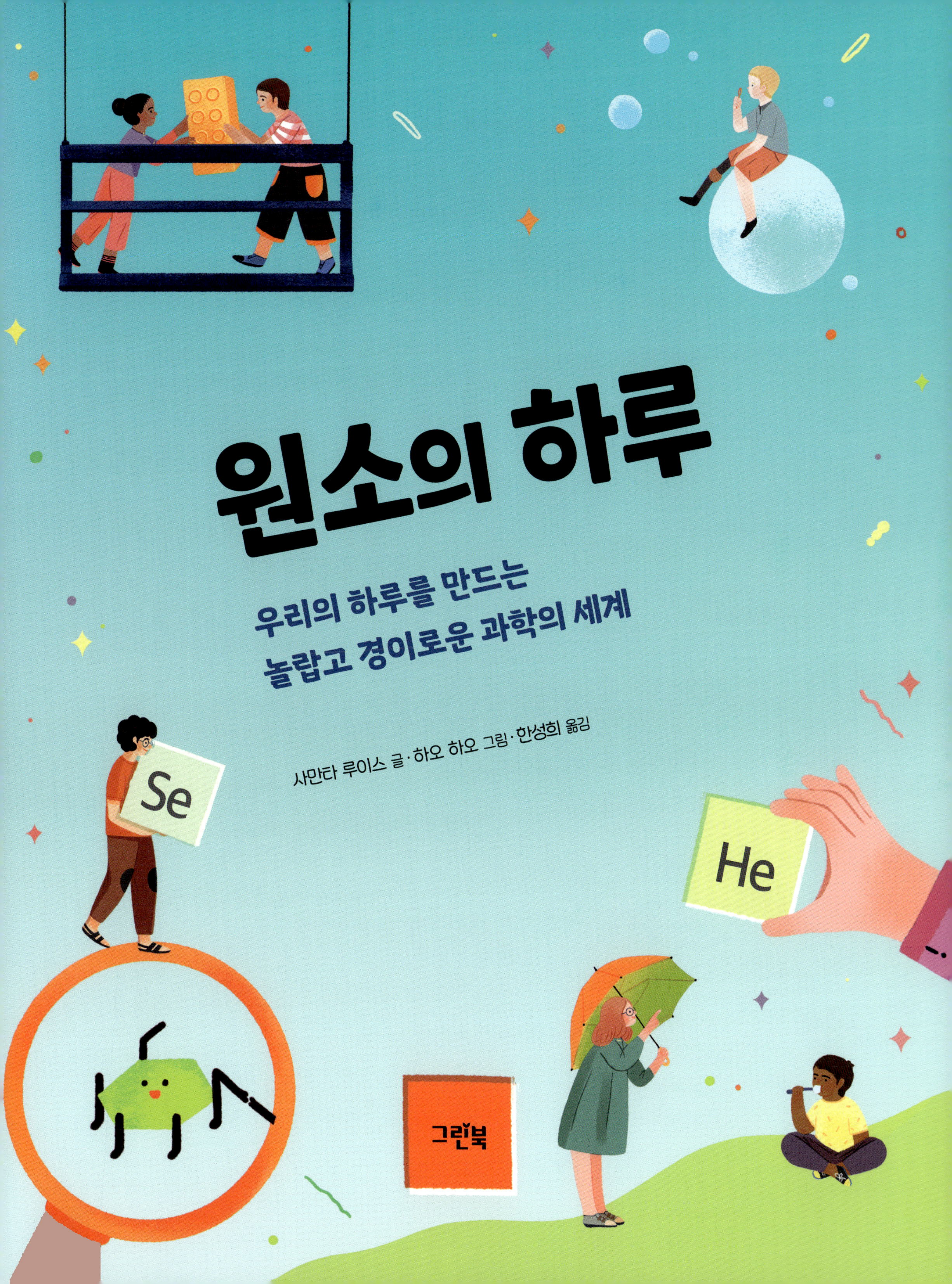

원소의 하루

우리의 하루를 만드는
놀랍고 경이로운 과학의 세계

사만다 루이스 글 · 하오 하오 그림 · 한성희 옮김

그린북

마법 같은 원소의 세계로 초대합니다

아침에 먹는 시리얼은 왜 자석에 반응할까요? 똥과 딸기아이스크림의 공통점이 뭘까요? 오줌을 황금으로 바꿀 수 있을까요? 이렇게 아무 두서없이 전혀 관련 없는 이상한 질문에 답하려면 이 물질들이 무엇으로 만들어졌는지를 알아야 해요.

잠깐 생각해 봐요. 시리얼과 아이스크림과 오줌과 같은 물질이 실제로 무엇으로 만들어졌는지 알고 있나요?

굉장히 놀라운 원소

(초콜릿을 싫어하는 사람은 없을 테니까) 한번 초콜릿을 반으로 자른다고 상상해 봐요. 다시 반으로 자르고, 다시 반으로 자르고, 또 잘라서 초콜릿을 부스러기보다 작게 잘라 봐요. 그렇게 보이지 않을 정도로 작아져서 더 이상 자를 수 없을 정도가 되면 결국 원자에 다다르게 되지요.

모든 물질은 원자로 이루어져 있어요. 초콜릿, 책, 구름, 방귀, 연필, 핸드폰, 토스트, 팝콘 등을 포함해서 여러분도 원자로 이루어져 있어요. 원자는 작은 구성 요소라고 볼 수 있어요.

뛰어난 구성 요소

118가지 종류의 원자를 '원소'라고 불러요. 원소가 그렇게 많지 않은 것 같아도, 원소를 다양한 방법으로 결합하면 우주에 보이는 모든 것을 만들 수 있어요.

잘 생각해 봐요. 한 종류의 구성 요소만으로도 창의력을 발휘할 수 있어요. (그림에 있는 노란색 블록처럼) 두 개가 있으면 24가지 방법으로 결합할 수 있어요. 원소가 여섯 개 있으면, 결합하는 방법이 9억 1,510만 3,765가지나 있어요! 하나 이상의 원소로 만든 물질을 '화합물'이라고 해요.

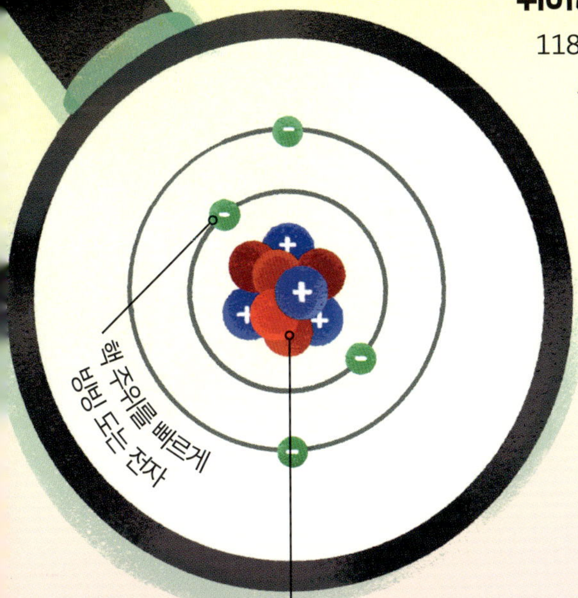

가까이에서 본 원소

원소는 훨씬 더 작은 입자인 양성자, 중성자, 전자로 이루어져 있어요. 원소마다 양성자 개수가 다 달라요. 위의 그림을 잘 보세요(실제 크기는 아니에요!).

여러분의 몸은 약 99퍼센트가 **산소(O), 탄소(C), 수소(H), 질소(N), 칼슘(Ca), 인(P)**의 여섯 가지 원소로만 이루어져 있어요.

심지어 118개 원소가 다 필요하지도 않아요. 우리 세계를 이루는 원소는 약 90개뿐이거든요. 나머지 원소는 실험실에서 입자를 엄청나게 빠른 속도로 서로 충돌시켜서 인위적으로 만들었어요.

원소는 '주기율표'라는 정교한 표로 정리되어 있어요. 다음 장을 넘겨서 확인해 봐요.

원소 주기율표

원소 주기율표는 알려진 모든 원소가 어떻게 움직이는지 이해하기 쉽게 잘 정리한 표입니다. 주기율은 원소들의 성질이 일정한 규칙(율)에 따라 반복(주기)된다는 뜻이에요. 오늘날 우리가 아는 주기율표는 많은 과학자들이 원소의 비밀을 밝혀내려고 노력한 결과예요.

각각의 원소는 한두 글자로 표시해요. 예를 들어 수소(Hydrogen)는 'H'예요. 주기율표에서 원소는 왼쪽에서 오른쪽으로 갈수록 무거워져요. 각 줄(열)을 위에서 아래로 살펴보면 공통점이 많은 원소의 '족'을 볼 수 있어요. 예를 들어, 두 번째 줄(2족)에 있는 원소들은 고온에서 녹는 알칼리 토금속이에요. 맨 오른쪽에 있는 줄(18족)은 불이 붙지 않고, 색깔과 맛이나 냄새가 없는 비활성 기체예요.

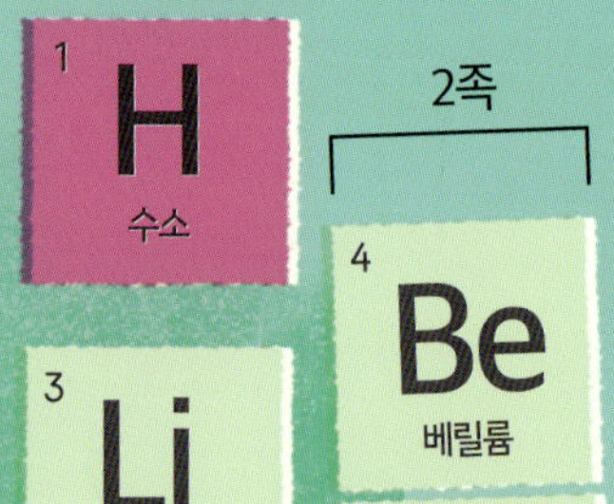

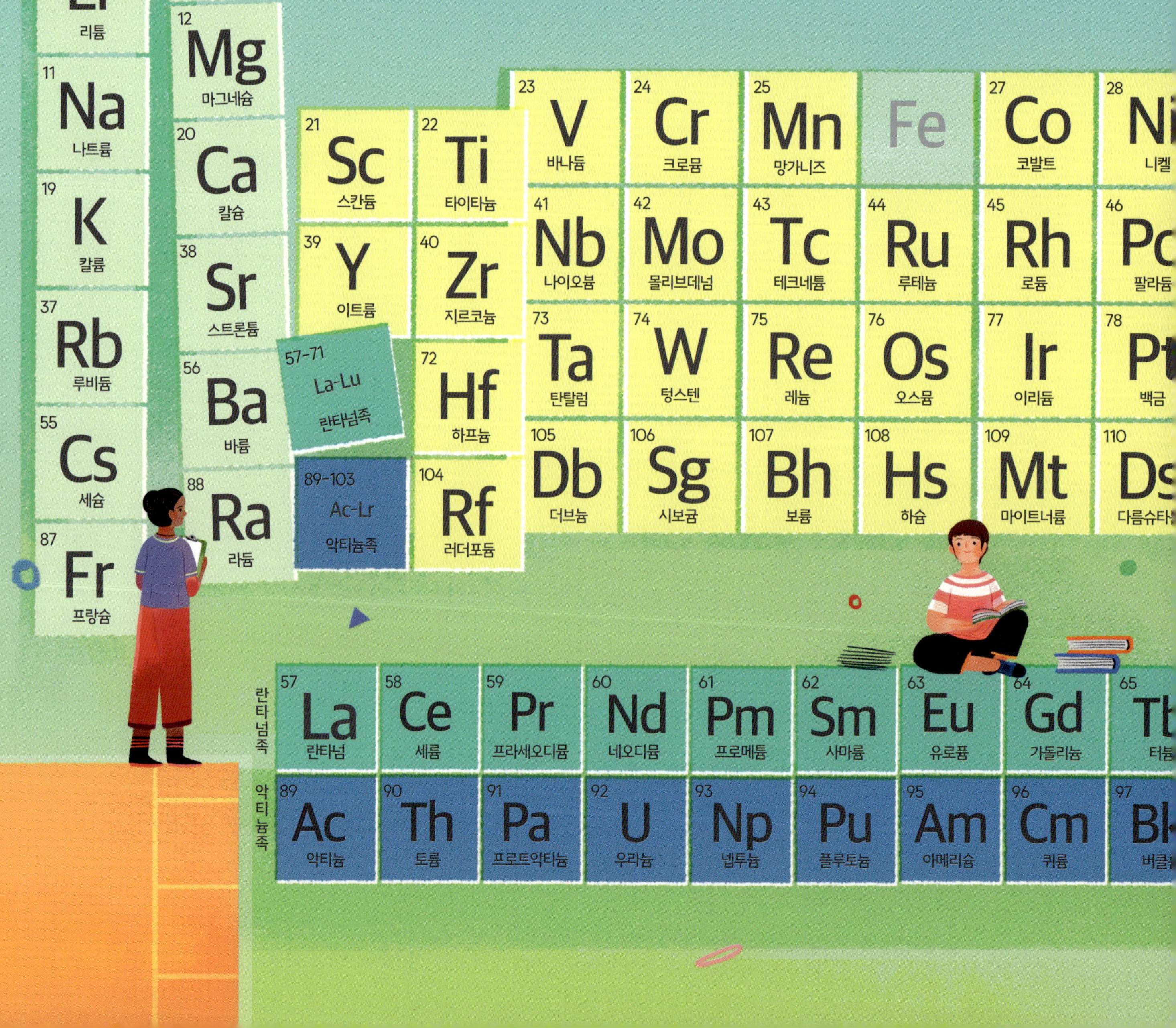

18세기와 19세기에 걸쳐 점점 더 많은 원소가 발견되면서 목록이 복잡해졌어요. 러시아의 화학자 드미트리 멘델레예프(1834~1907)는 원소를 표로 정리했는데, 어떤 원소도 들어맞지 않는 빈칸이 있었어요. 멘델레예프는 빈칸에 맞는 원소가 아직 발견되지 않았다고 당당하게 주장했는데, 그 말이 맞았어요. 그중 하나였던 갈륨(Ga)은 멘델레예프가 예측한 지 4년 후에 발견되었어요.

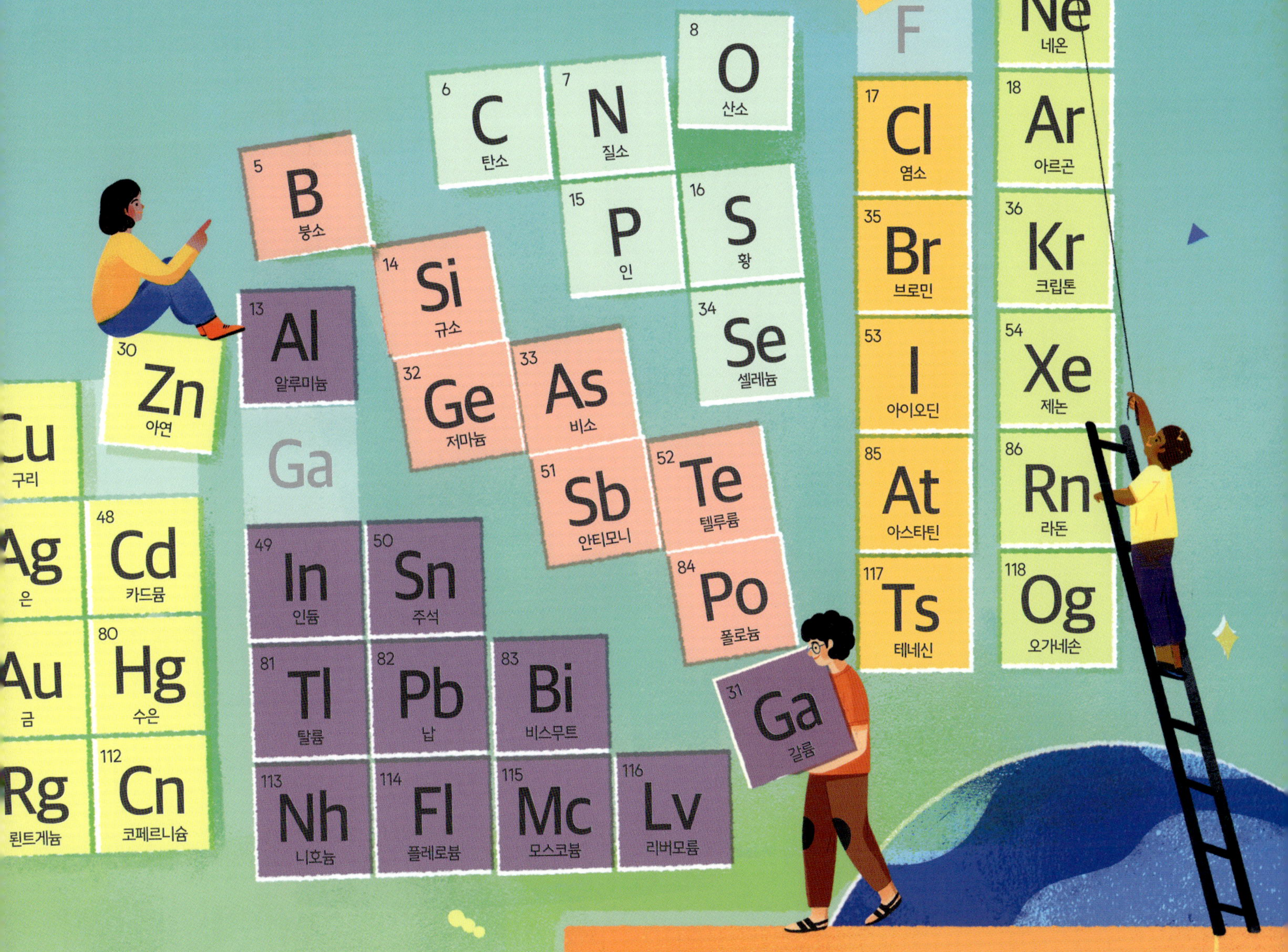

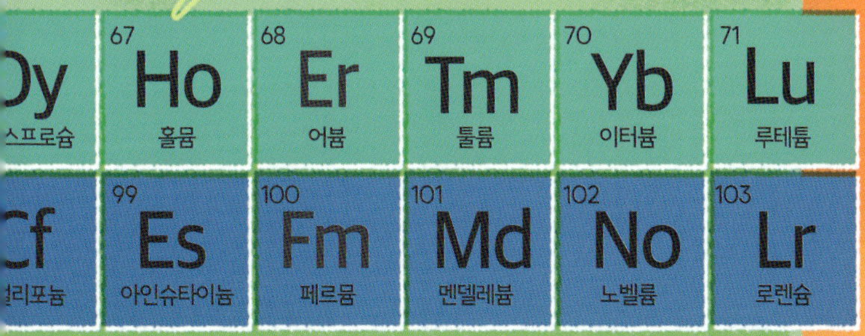

원소와 원소로 만들어지는 모든 물질은 예상치 못한 흥미로운 방법으로 하루를 잘 보내도록 해 주지만, 사람들은 대부분 그렇게까지 깊이 생각하지 않아요. 하지만 일단 눈을 뜨면 일상생활에서 이런 원소를 많이 보기 시작할 거예요.
자, 지금부터 기상 시간과 함께 아주 특별한 원소로 시작해 볼까요?

눈뜨며 일어나요

햇빛이 창문에 서서히 비추기 시작하면 하루를 시작하기도 전에 (특히 학교 가는 날이면!) 좀 더 자고 싶을 거예요.
그런데 다음에 햇빛을 받으며 일어나면, 그 빛을 보내 준 놀라운 별에 대해 생각해 보는 건 어떨까요?

굉장한 별, 태양

태양이라 알려진 이 별은 놀랍게도 1억 5천만 킬로미터나 떨어져 있는 엄청나게 큰 별이에요. 태양은 어마어마하게 멀리 떨어져 있는데도, 여러분을 포함해서 지구상의 거의 모든 것에 에너지를 주고 있어요. 그런데 어떻게 그런 일이 가능할까요?

그건 바로 가장 단순하고 가벼운 원소인 **수소(H)** 덕분이죠. 수소가 없으면 아무것도 할 수 없어요.

태양 안쪽 깊숙한 곳에서 수소 입자가 엄청나게 빠른 속도로 서로 충돌해서 융합하면 많은 에너지가 나와요.

이 과정을 멋지게 말하면 '핵융합'이라고 해요!

태양의 중심부는 매우 밀도가 높기 때문에, 그곳에서 만들어진 막대한 에너지가 태양의 표면까지 도달하는 데 약 15만 년이나 걸릴 수 있어요. 그리고 스파게티를 요리할 만큼의 짧은 8분 정도가 지나면, 태양 에너지는 지구에 도달해서 커튼 사이로 희미한 햇살을 비춰 주지요.

결국 수소가 가장 중요해

왜 수소가 없으면 아무것도 할 수 없을까요? 실제로 여러분이 하는 모든 것은 태양 에너지의 원천인 놀라운 핵융합 과정이 필요해요. 한번 생각해 봐요.

바나나는 태양 에너지를 이용해 자라죠(본문 40쪽의 광합성을 읽어 봐요).

바나나와 같은 음식에서 얻은 에너지로 근육에 힘이 생겨요.

여러분은 근육 덕분에 잠자리에서 벌떡 일어나죠!

나무는 태양 에너지를 이용해서 자라요.

종이는 나무에서 얻어요.

종이는 이 책처럼 훌륭한 책을 만드는 데 쓰여요!

태양 에너지가 바람(태양 표면의 고르지 않은 열로 만들어진 공기의 움직임)을 일으켜요.

바람으로 전기가 생길 수 있어요.

전기가 냉장고에 전력을 공급해 아침에 신선한 우유를 마실 수 있어요!

H

여러분의 하루는 태양에서 온 강력한 에너지로 시작돼요. 그 에너지를 만드는 건 바로 수소지요. 이렇게 말해 봐요. "수소야, 고마워!" 그런데 이건 시작일 뿐이에요. 아침에 필요한 원소는 더 많아요.

숨을 쉬어요

잠에서 깼는데도 이불 속에서 더 뒹굴고 싶을 거예요. 따뜻한 이불을 걷어차고 일어나기도 전에 하루를 보내는 데 중요한 원소가 또 있어요. 바로 여러분이 살아 있는 데 필요한 **산소(O)**예요.

과학자들의 끊임없는 노력

인간은 수백만 년 동안 산소로 숨을 쉬어 왔지만, 산소 원소는 겨우 250년 전에 발견됐어요. 놀랍게도 역사상 산소를 발견했다고 주장한 사람이 세 명 있는데, 그중 한 사람은 목이 잘려 죽었어요.

❶ 스웨덴의 약사인 칼 빌헬름 셸레(1742~1786)는 1771년에 순수한 산소를 만들었어요. 셸레는 산소가 포함된 화합물에 열을 가해서 산소를 만들었어요. 그 화합물을 가열하니까 색과 냄새가 없는 기체 형태로 산소가 나왔어요.

❷ 몇 년 후 영국에서는 요크셔 출신의 조지프 프리스틀리(1733~1804)가 셸레와 비슷한 방법으로 산소를 발견했어요. 프리스틀리는 화학자이자 수학자이며, 성직자이자 정치 활동가로 여러 분야를 잘 알았어요. 프리스틀리는 연구 결과를 주저하지 않고 발표해서 셸레를 앞질렀어요. 그런 이유로 프리스틀리의 발견이 더 잘 알려져 있어요.

❸ 얼마 뒤에 프랑스의 화학자인 앙투안 라부아지에(1743~1794)는 프리스틀리가 발견한 새로운 기체에 대해 알고 나서 직접 산소를 실험해 보기로 했어요. 라부아지에는 최초로 이 놀라운 원소를 제대로 이해했으며, 실제로 물질이 공기 중의 산소와 결합해서 탄다는 사실을 알아냈어요. 이때 많은 에너지가 열과 빛으로 나오는데, 그게 바로 불꽃이에요!

뛰어난 성과

라부아지에는 호흡이 (불꽃을 뺀!) 연소와 기본적으로 과정이 같다는 사실을 깨달았어요. 호흡하는 동안에 우리는 먹은 음식에서 나온 포도당과 들이마신 산소와 결합해서 에너지를 얻어요. 우리가 하는 모든 일은 에너지가 필요해요. 가만히 앉아 있어도 에너지가 필요하죠. 그게 바로 우리가 살아가는 데 산소가 필요한 이유랍니다.

안타깝게도 앙투안 라부아지에는 프랑스 혁명의 희생자가 되어 1794년에 단두대에서 처형되었어요!

서로에게 힘이 된 부부

프랑스 화학자인 앙투안의 아내이자 동료인 마리-앤 폴즈(1758~1836)는 앙투안의 뛰어난 업적이 인정받는 데 중요한 역할을 했어요. 또한 남편과 함께 실험하면서 연구 결과를 번역하고 그림을 그려서 설명했어요. 그 덕분에 전 세계의 화학자들이 이들의 획기적인 발견을 똑같이 따라 해 볼 수 있었어요.

이제 잠자리에서 벗어나 하루를 시작할 시간이에요. 누군가의 아침을 크게 바꿔 줄 다음 원소는 바닷가에서 흔히 보이는 것에 들어 있어요.

일어나서 움직이기 시작해요

당연한 말 같지만, 아침에 일어났을 때 무엇을 보는지는 바로 눈에 따라 결정되어요. 눈앞이 흐릿하게 보이는 사람은 안경으로 또렷하게 볼 수 있어요. 안경에 필요한 기발한 원소 결합에 대해 알아볼까요?

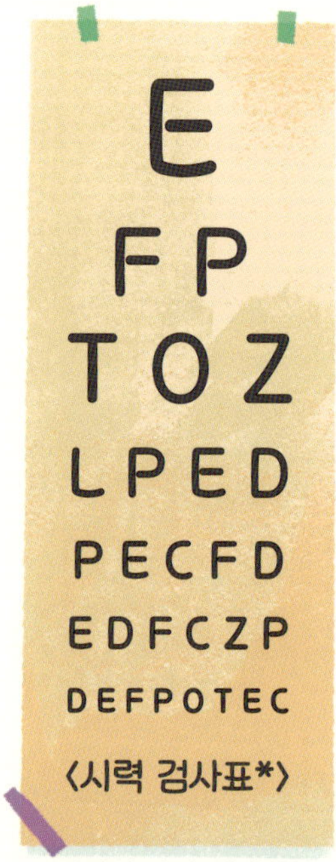

*영어권 시력 검사표임.

굉장한 안경

유리에서부터 시작하죠! **규소(Si)**와 **산소(O)**가 결합하면 이산화 규소('실리카'라고도 함)가 만들어져요. 그럴싸해 보이는 이름에 속지 말아요. 실제로는 아주 익숙한 물질이니까요. 이걸로 성을 쌓아 본 적도 있을 거예요. 맞아요, 이산화 규소는 모래의 주요 성분이에요!

그런데 어떻게 모래가 유리로 변했을까요? 믿기 힘들겠지만, 유리는 모래에 몇 가지 성분을 더해 높은 온도에서 액체처럼 녹여 만든 거예요(유리의 종류나 색깔에 따라 성분이 달라져요).

바닷가에서는 모래가 아주 뜨겁더라도 액체 상태의 모래를 발견하지 못해요. 왜냐하면 모래는 무려 섭씨 1,700도(피자 오븐마저 차갑게 느껴지는 온도!)에서 녹거든요.

고체의 일종

모래를 녹인 뒤 빠르게 식히면, 원소들이 질서 있게 배열된 일반적인 고체 구조로 돌아가지 않아요. 대신, 분자들이 액체처럼 어지럽게 배열된 상태로 굳어 겉보기에는 단단하지만 내부는 '얼어붙은 액체'와 비슷한 고체가 되죠. 과학자들은 이런 물질을 비정질 고체라고 부릅니다. 놀랍게도 이 액체 같은 고체는 빛을 통과시킬 수 있어서, 유리가 완전히 투명할 수 있는 이유가 되죠.

멋있는 안경테

다양한 소재가 안경테를 만드는 데 쓰여요. 금속 원소인 **티타늄(Ti)**은 튼튼하고 가볍고 탄력성이 있어서 가장 좋은 소재죠. 이런 특성으로 우주선 제작에 잘 쓰이지만, 가격이 아주 비싸기도 해요!

안경이 어떻게 시력에 도움을 줄까요?

곡면 안경 렌즈는 정확하게 빛을 굴절시켜서 (빛이 눈의 망막에 제대로 초점이 맞지 않을 때) 흐릿한 시력을 교정해 줘요.

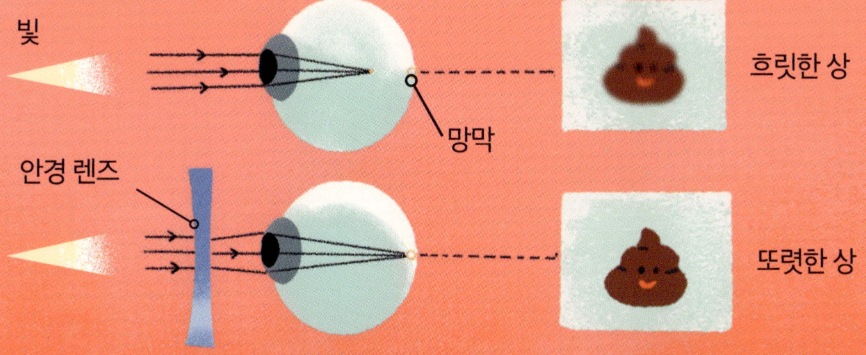

이제 아침을 먹으러 갈 시간이에요.
부엌에서 어떤 놀라운 원소가 나오는지 알아보아요.

아침 식사로 힘찬 하루를 시작해요

흔히 아침 식사가 하루 중 가장 중요하다고 말하는데,
사실 지겨울 수 있어요. 하지만 더 재미있을 수 있어요.

신비로운 힘을 가진 콘플레이크

만지지 않고도 콘플레이크를 움직일 수 있다는 사실을 알고 있었나요? 당연히 다른 사람이 건드리는 것도 아니에요. 바로 **철(Fe)**이란 원소 덕분이에요.

철은 많은 금속처럼 자석과 같은 성질을 가지고 있어요. 더 놀랍게도 아침에 먹는 시리얼 속에도 철이 들어 있어요! 그렇다고 아침을 거르지는 말아요.

철은 나사와 못에서부터 다리, 자전거, 건물에 이르는 모든 것에 들어 있어요. 탄소(C) 같은 다른 원소와 섞으면 더 단단해지죠.

아주 강력한 자석이 있다면, 어른에게 부탁해서 철분이 풍부한 시리얼을 우유에 띄워 자석으로 움직여 봐요. 마치 마법을 부리는 것 같을 거예요!

자석으로 시리얼을 움직이는 건 멋진 마술 같지만, 시리얼 회사가 아침 식사를 더 재밌게 하려고 시리얼에 철을 넣은 건 아니에요. 철은 우리 몸에서 여러 가지 중요한 역할을 해요. 예를 들면, 혈액 속에서 산소를 운반하고, 시리얼에 든 당분에서 에너지를 만들어 내요.

우유의 놀라운 효과

시리얼에 붓거나 쿠키를 찍어 먹는 우유에는 **칼슘(Ca)** 화합물이 들어 있어요. 칼슘은 뼈를 구성하는 중요한 원소이자, 우리 몸에서 가장 풍부한 금속 원소이기도 해요. 칼슘은 뼈를 만들 뿐만 아니라, 튼튼하게 하는 주요 성분이기도 하죠!

훌륭한 달걀 요리

아침 식사로 달걀 요리를 좋아한다면, **코발트(Co)**가 함유된 비타민 B12를 먹는 거예요. 비타민 B12는 DNA와 혈구를 만드는 등 우리 몸의 많은 곳에 쓰여요.

뒤집기 쉬운 프라이팬

아침에 팬케이크를 먹는다면, 음식이 달라붙지 않는 특수 프라이팬으로 쉽게 뒤집을 수 있어요. 이런 프라이팬은 **탄소(C)**와 **플루오린(F)**으로 만들어요.

칼륨도 풍부하고 맛있는 바나나

아침으로 바나나는 어때요? 바나나에는 근육을 움직이는 데 필요한 **칼륨(K)**이 풍부해요.

다음 원소는 조금만 다르게 만들었으면 엄청난 값어치를 했을 뻔한 아침 식사 메뉴와 관련이 있어요.

보물이 될 뻔한 토스트가 있어요

시리얼을 별로 좋아하지 않거나 든든하게 아침을 먹고 싶다면, 토스트를 먹고 싶을지도 몰라요. 버터나 잼을 듬뿍 바르면 정말 맛있어요. 만일…

…태우지만 않는다면요!

화재경보기가 울리지 않더라도 불에 탄 토스트를 먹는다면 누군가의 아침은 망치게 되죠. 그런데 이렇게 시커멓게 탄 빵은 놀랍게도 아름답고 값비싼 반짝이는 다이아몬드와 공통점이 많아요.

불에 탄 토스트는 다이아몬드와 정확히 똑같은 원소인 **탄소(C)**로 이루어져 있거든요.

탄소는 지구상의 모든 생명체에게 중요한 원소입니다. 우리 몸을 구성하는 원자의 약 12퍼센트(100개 중 12개)는 탄소예요.

우리가 숨 쉬는 공기에는 탄소가 이산화 탄소라는 기체에 포함되어 있어요.

우리가 입는 옷에는 모두 탄소가 포함되어 있어요.

빵처럼 우리가 먹는 거의 모든 음식에는 다른 원소들과 결합된 탄소가 들어 있어요. 빵이 타면 토스터에서 나오는 열이 탄소를 나오게 하고 그 탄소가 바삭한 빵에 검게 그을린 층을 만들어요.

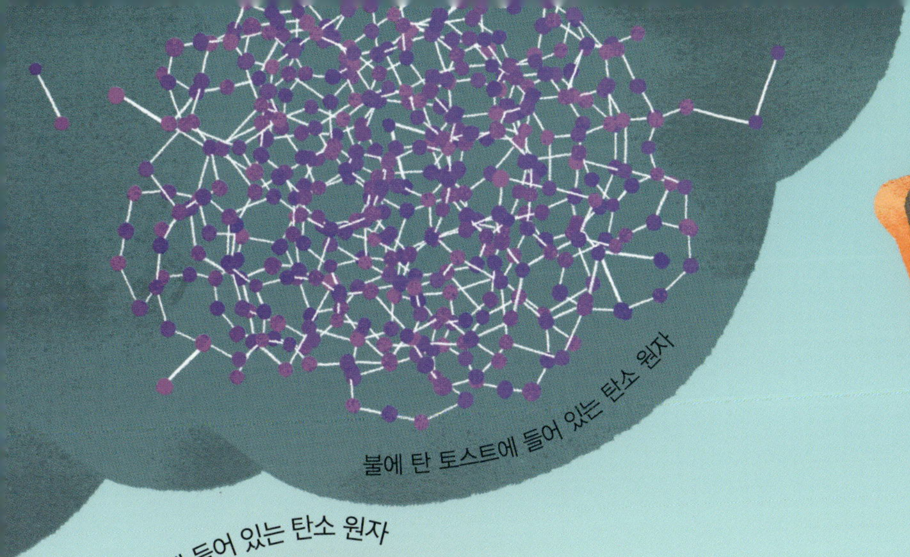

같은 듯 다른 탄소

돈을 벌어 보려고 토스터로 부리나케 달려가기 전에 잠깐만요. 사람들이 검게 그을린 토스트로 만든 반지를 끼지 않고 다니는 데는 다 이유가 있어요! 바로 탄소 원자가 어떻게 놓여 있느냐에 따라 달라지기 때문이에요.

다이아몬드에 있는 탄소 원자는 탄소 원자마다 다른 탄소 네 개와 결합해서 가지런하게 잘 배열되어 있어요. 다이아몬드는 이렇게 촘촘한 격자 모양의 구조로 생겨서 아주 단단해요. 다이아몬드는 유리, 돌, 콘크리트를 자를 수 있어요.

탄소 원자는 다양한 방식으로 결합할 수 있어요. 그을린 토스트의 탄소는 다이아몬드와 같은 방식으로 배열되어 있지 않아서, 유리를 자를 수도 없고, 반짝이지도 않아요. 또한 매우 안타깝게도 아무도 돈을 주고 사지 않을 거예요. 하지만 적어도 다음에 토스트가 시커멓게 타면 사람들에게 재밌는 이야기를 해 줄 수 있지요.

아침 식사 속 원소에 대해 충분히 알았으니까, 이제 학교 갈 준비를 할 시간이에요.

깨끗하게 씻어요

누구나 아침마다 화장실에서 시간을 좀 보낼 텐데, 그때 아주 깨끗해진 기분이 드는 데 꼭 필요한 원소가 뭔지 알고 있나요?

양치질하기

치아가 툭 빠지길 원치 않는다면, 치약을 써야 해요. 그런데 치약에 든 중요한 원소가 약간 위험하다는 사실을 알고 있나요? **플루오린(F)**은 다른 원소와 닿으면 아주 격렬하게 반응해요. 그때 엄청나게 많은 에너지를 내보내고, 반응 후에는 훨씬 더 안정된 상태가 되지요.

플루오린이라는 원소가 **나트륨(Na)**이나 **주석(Sn)** 같은 다른 원소와 만나서 '플루오르화물'이라는 물질이 되면, 전혀 위험하지 않아요. 그래서 치약에 넣어도 괜찮답니다! (우리가 불소 치약이라고 부르죠) 이 플루오르화물은 치아를 튼튼하게 지켜 주는 중요한 일을 해요.

불소 화합물은 치아에 있는 법랑질(바깥을 덮은 보호막)을 튼튼하게 해 줘요. 치아를 닦을 때마다 소량의 불소 화합물이 치아 표면에 남아요. 그러면 치아에 충치가 잘 생기지 않아요.

치아가 상어 이빨처럼 생겼나요?

불소 화합물은 치아를 좀 더 상어 이빨처럼 만들기도 해요. 왜냐하면 상어의 이빨은 원래 100퍼센트 불소 화합물로 덮여 있거든요. 그래서 상어들은 이빨을 닦을 필요가 없어요!

비누 거품

비누에는 일반적으로 **탄소(C), 수소(H), 산소(O), 나트륨(Na)**이 들어 있어요. 비누는 이들 원소가 배열된 방식으로 인해 여러 가지 일을 잘할 수 있어요.

비누 분자마다 기다란 '기름 성질의' 꼬리와 '소금 성분의' 머리가 있어서 서로 다른 두 가지 특징을 가진 것처럼 보이지만, 그 덕분에 비누가 아주 깨끗하게 닦이는 물질이 되는 거예요.

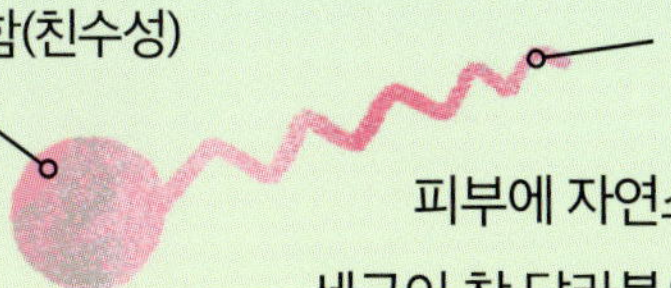

피부에 자연스럽게 생기는 기름에 먼지와 세균이 착 달라붙으면, 냄새가 나거나 몸을 아프게 하기 전에 없애고 싶어지죠.
하지만 안타깝게도 기름과 물은, 브로콜리와 초콜릿처럼 잘 섞이지 않아요.
그래서 물로만 씻어서는 기름을 완전히 없앨 수 없답니다.

직접 확인하기

물이 든 컵에 식용유를 조금 넣어 봐요. 먼저 어른과 함께 확인하세요! 숟가락으로 저어도, 기름이 다시 위로 둥둥 떠서 층이 나뉘어요. 이제 다른 물컵에 소금을 넣으면 소금이 사라지는 것을 볼 수 있어요. 소금은 물과 잘 섞여서 녹거든요. 비누의 비결은 기름과 물을 섞을 수 있다는 거예요. 기름 성분과 소금 성분을 동시에 갖고 있으니까요.

기름투성이 먼지나 기름이 비눗물과 섞이면, 비누 분자가 '미셀'이란 작은 공 모양을 만들어요. 물을 싫어하는 (기름 성분) 꼬리가 기름투성이 먼지에 달라붙은 채 공 중심에 잡혀 있고, 물을 좋아하는 (소금 성분) 머리는 바깥쪽을 향하고 있어요. 오른쪽 그림처럼요. 물로 헹구면 소금 성분의 머리가 물에 녹으면서 피부에서 씻어 낼 때 더러운 기름기를 함께 끌어당기죠. 기발하지 않나요?

이제 옷 입을 시간이에요. 잠옷을 입은 채로 외출하고 싶지 않다면 말이에요. 여기에도 많은 원소가 나오는데, 다행히 해로운 원소는 없어요.

다양한 색깔의 옷을 입어요

대부분의 옷은 염료나 색소로 색을 입혀요. 염료나 색소는 다양한 원소로 이루어져 있어요. 원료에 따라 어떤 빛의 색깔을 흡수하거나 반사하는지가 결정되고, 그에 따라 색깔이 정해져요.

무지개색 빛

빛은 모든 무지개색으로 이루어졌어요. 염료나 색소 분자는 어떤 색을 흡수하지만, 다른 색을 눈에 반사해요. 초록색 물질은 초록색을 뺀 모든 색깔을 흡수하고, 초록색만 눈에 반사되어서 초록색으로 보여요.

기분 나쁜 초록색

요즘에는 어떤 색의 옷을 입어도 안전하지만, 18세기와 19세기에는 초록색을 꼭 피해야 했어요. 왜냐하면 독성이 강한 원소인 **비소(As)**가 초록색에 들어 있었거든요.

비소가 든 초록 색소는 드레스, 바지, 벽지 등 모든 물건에 쓰였어요. 심지어 장난감과 사탕 포장지에도 쓰였어요!

위험하지만 너무 매력적인 색

칼 빌헬름 셸레(본문 12쪽 참조)는 1775년에 처음으로 비소가 든 초록 색소를 발견했어요. 이 색소는 **구리(Cu)**, **수소(H)**, **산소(O)**와 **비소(As)** 원소로 이루어졌어요. 심한 피부 발진, 구토, 설사, 진물 나는 상처를 일으키고, 심하면 죽음에 이르게 하는 색소인데도, 만드는 비용이 저렴하고 색이 아주 자연스러워 보여서 셸레가 발견한 초록색을 쓸 수밖에 없었어요.

다행히 요즘 쓰는 의류 염료는 몸에 전혀 위험하지 않아요. 하지만 우리가 쓰는 합성(인공) 화학 물질은 환경에 그다지 좋지 않아요.

다시 천연염료로

옷에 쓸 천연염료를 다시 개발하려는 경쟁이 시작되었지만 쉽지 않았어요. 천연염료와 색소로는 매번 똑같은 색을 정확히 만드는 것이 더 어려웠고, 몇 년 지나면 색이 더 쉽게 바래졌어요. 가격도 더 비쌌어요. 어떤 과학자는 땅콩 껍질(갈색)이나 비트 껍질(빨간색) 등 음식물 쓰레기를 잘 이용하는 방법을 실험하고 있어요. 이런 색깔은 식물이 자연적으로 만드는 **탄소(C)**, **질소(N)**, **수소(H)**, **산소(O)**로 이뤄진 복잡한 화합물에서 나와요.

거울아, 거울아

외출하기 전에 겉모습을 확인하고 싶다면 1835년에 '은도금'을 발명한 독일의 화학자 유스투스 폰 리비히(1803~1873)에게 고마워해야 해요. '은도금'은 유리 표면에 반사율이 높은 **은(Ag)**을 얇게 입히는 방법이에요. 오늘날 많은 가정에 있는 거울은 **알루미늄(Al)**으로 입혀져 있어요. 알루미늄은 반사도 잘 되고, 흐려지지도 않으며 가격도 훨씬 싸답니다!

이제 옷을 갖춰 입었으니, 학교 가기 전에 화장실에 들러도 시간이 충분해요.

오줌으로 얻은 작은 행운을 알고 있나요?

방광을 비울 때 오줌이 흥미로운 원소의 발견과 연관 있다는 사실을 알면 놀랄 거예요.

액체 황금

1600년대에는 사람들이 어떤 금속이든 귀한 **금(Au)**으로 바꿀 수 있는 물질인 '현자의 돌'을 발견하려는 데 빠져 있었어요. 독일의 연금술사인 헤니히 브란트(1630~1692)도 현자의 돌을 찾기로 했는데, 황금처럼 빛나는 뭔가에 단서가 있을 거라는 예감이 들었어요. 그런 이유로 양동이에 한가득 담긴 사람의 오줌으로 실험을 했어요!

브란트는 몇 리터의 오줌을 며칠간 그냥 뒀다가 서서히 반죽 상태로 끓인 후 모래와 숯을 섞어 넣은 뒤에 좀 더 끓였어요. 웩! 아니나 다를까, 지독한 냄새가 나는 방법으로는 황금을 얻지 못했어요. 그런데 브란트의 힘든 노력은 헛되지 않았어요.

우연한 행운

브란트는 아주 놀라운 물질을 만들었죠. 뜻밖에도 **인(P)**이란 원소를 발견했거든요! (본문 35쪽 참조)

오줌에 왜 인이 있을까요?

인은 생명에 꼭 필요한 원소인데, **산소(O)**와 결합해서 인산염을 만들어요. 인산염은 DNA를 만들고, 뼈와 치아를 형성하며, 매일 매 순간 우리 몸에서 일어나는 수십억 가지 화학 반응에도 필요하죠.

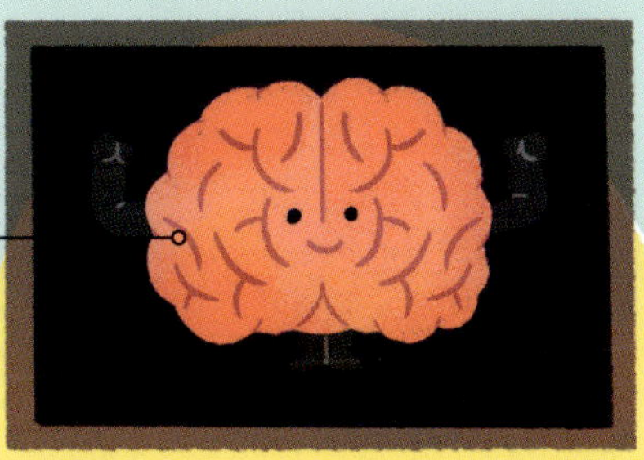

인은 뇌와 신경계가 제대로 움직이도록 해 줘요.

인은 우리가 먹은 음식에서 에너지를 얻는 데 필요해요.

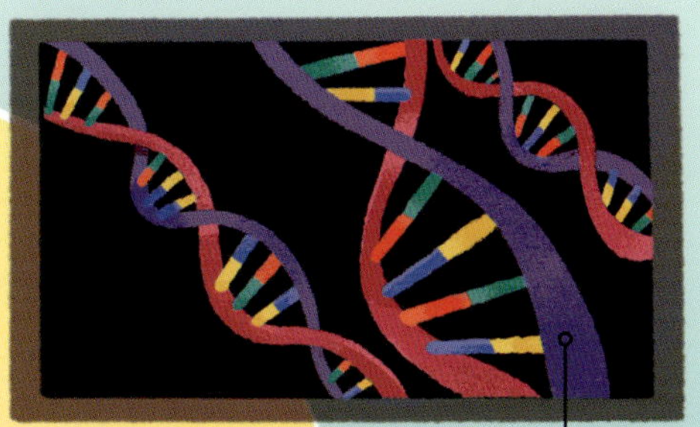

인은 DNA의 주요 성분이에요.

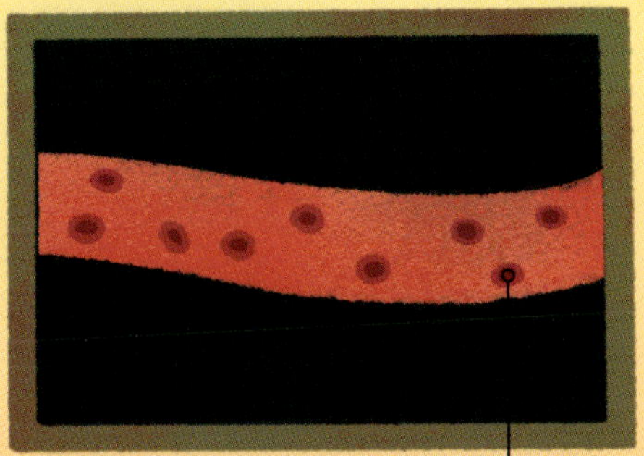

인은 적혈구에서 우리 몸으로 산소를 운반하도록 해 줘요.

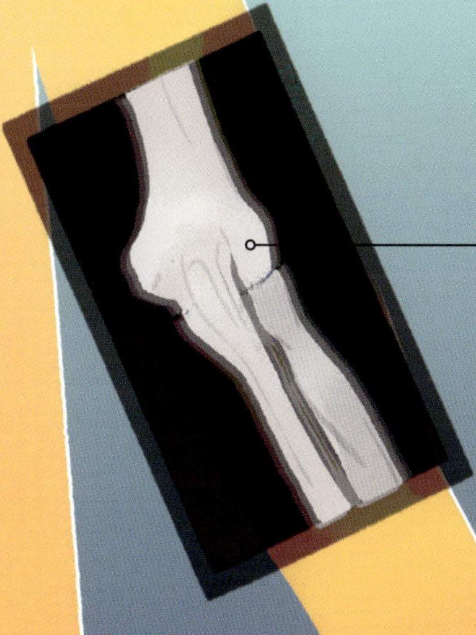

인은 뼈와 치아를 만드는 데 쓰여요.

필요 없는 인은 신장을 통해 혈액에서 걸러진 뒤 오줌에 섞여요. 오줌은 방광에 모였다가 화장실에 가면 나와요!

화장실을 나오기 전에 볼일이 좀 더 남았을 수도 있어요. 그게 아이스크림과 연관될 거라고는 짐작하지도 못할 거예요.

똥이 마려워도 괜찮아요

대변이 마려워 똥을 누면 대개 불쾌한 냄새도 같이 날 거예요.

왜 똥에서 지독한 냄새가 날까요?

악취의 주요 원인은 **탄소(C), 수소(H), 질소(N)**로 이뤄진 '스카톨'이란 분자 때문이에요.

스카톨에서는 정말 지독한 냄새가 나요. 그래서 스카톨을 향수에 널리 쓴다는 사실을 알면 깜짝 놀랄 거예요. 좀 이상하지만, 아주 적은 양의 스카톨을 쓰면 향긋한 꽃 냄새가 나거든요. 이 사실은 오렌지꽃과 재스민에서 자연적으로 발견되었어요.

사람들은 하루에 5~25번 방귀를 뀌어요. 방귀 냄새는 황(S)이 포함된 기체 때문이에요.

더 이상한 사실은 (화장실이 아니라 실험실에서 만든) 스카톨을 딸기아이스크림을 더 맛있게 만드는 데 쓴다는 거예요. 냠냠!

잊지 말고, 뒤처리하기!

예전에는 조약돌, 조개껍데기, 풀, 심지어 옥수숫대로 엉덩이를 닦았어요. 다행히 요즘에는 부드럽고 흡수도 잘되며 변기에 버릴 수 있는 것이 있어요. 이런 혜택은 모두 식물이 자연적으로 만드는 '셀룰로스'라는 아주 놀라운 분자 덕분이죠.

그런데 도대체 셀룰로스가 뭔데 엉덩이를 닦는 데 좋을까요? 셀룰로스는 많은 포도당 분자로 이루어져 있는데, 포도당은 **탄소(C)**, **수소(H)**, **산소(O)**로 되어 있어요.

포도당은 녹색식물에서 만들어지고(본문 40쪽 참조), 맛이 꽤 달아요. 그렇다고 해서 휴지를 씹어 보지는 말아요. 왜냐하면 셀룰로스는 (나무와 식물의 구조를 만드는) 아주 긴 사슬로 서로 연결된 수많은 포도당 분자로 이루어져 있어서 맛이 없어요!

포도당 분자

휴지는 서로 얽혀 있는 짧은 셀룰로스 섬유질로 이루어져 있어요. 그래서 엉덩이를 닦을 정도로는 버티지만, 약해서 쉽게 찢어질 수 있어요. 휴지가 물에 닿으면 섬유질이 재빨리 풀려 묽고 흐물흐물해져요. 그래서 변기 물에 내려보내기도 쉽죠.

앞으로 비누로 손 씻는 것을 잊지 말아요!
자, 학교 갈 시간이에요.

연필로 창의력을 발휘해요

과학 시간은 무언가가 어떤 물질로 이루어졌는지를 확실하게 배울 수 있는 시간이에요. 사실, 그렇게 한번 생각해 보면 모든 수업에서 놀라운 원소를 발견할 수 있어요.

연필로 끄적거리기

연필로 국어 시간에 재밌는 이야기를 적어 보거나, 수학 시간에 복잡한 계산을 풀거나 미술 시간에 초상화를 그릴 때마다… 우리는 **탄소(C)**를 사용하고 있어요. 바로 검게 탄 토스트의 그을음과 다이아몬드 (본문 18~19쪽 참조)를 만든 원소와 같죠!

연필이 흔적을 남기는 원리는 바로 탄소가 어떻게 결합하느냐에 달려 있어요. 다이아몬드를 만드는 완벽한 배열과 달리, 연필 속의 탄소는 평평한 층에 모여 있어요. 다이아몬드와는 완전히 달라 보이고 다르게 움직이는데, 이를 흑연이라고 해요.

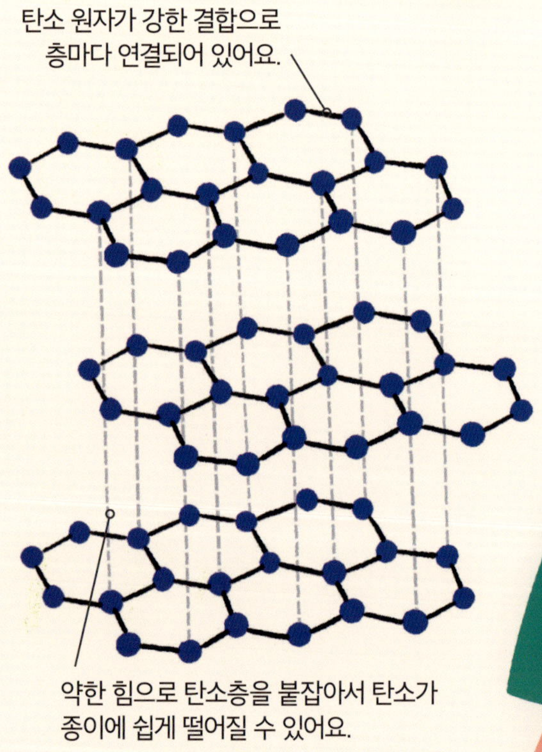

훌륭한 탄소층

흑연이 흔적을 남기는 비결은 층 사이의 약한 인력 덕분이에요. 연필을 눌러서 움직이면, 종이에 닿는 층이 연필에서 떨어져 종이에 달라붙어요. 그러면 은회색 흔적이 생겨요. 아주 얇은 흑연층은 이제 여러분의 이름이나 낙서가 되거나 디자인이 되기도 하죠.

언젠가 여러분이 그린 그림이 엄청 비싸게 팔릴지도 몰라요. 영국 화가 존 컨스터블(1776~1837)이 그린 '폭풍을 몰고 오는 먹구름' 연필 스케치는 2014년에 4만 4천 파운드(한화 약 8,281만 원)에 팔렸거든요.

연필깎이

연필이 닳으면, 연필깎이로 곧바로 다시 뾰족해질 수 있어요. 칼날은 흔히 **철(F)**과 **탄소(C)**가 섞인 아주 튼튼한 강철로 만들어져서, 나무를 깎아 연필 끝을 뾰족하게 만들 수 있어요.

쓰기 활동을 다 마친 후에는 신선한 공기를 마시며 운동할 시간이에요. 그럼, 밖으로 나가 수돗물에 포함된 원소가 갈증을 풀어 주는 일 외에 어떤 일을 하는지 알아볼까요?

몸을 움직여요

심장은 하루에 10만 번 이상 뛰면서 혈액을 온몸으로 전달해요. 쉬는 시간에 밖에 나가서 뛰어놀면 심장이 더 빨리 쿵쾅거리는 것을 느낄 수 있어요. 그런데 맨 처음에 심장 박동을 도와준 원소가 무엇일까요?

두근거리는 심장

이 문제를 최초로 밝힌 사람은 시드니 링거(1835~1910)라는 영국 의사인데, 특이하게도 부업으로 개구리 심장을 실험했어요. 링거는 심장이 어떻게 뛰는지가 너무 궁금했어요.

링거 박사는 (개구리에서 꺼낸!) 진짜 개구리 심장을 조수가 준비한 소금물에 두면 4시간 이상 계속 뛴다는 사실을 발견했어요. 어느 날 조수가 없을 때, 링거 박사가 직접 소금물을 만들었어요. 놀랍게도 그 실험은 효과가 없었어요. 개구리 심장은 몇 분 만에 멈춰 버렸어요.

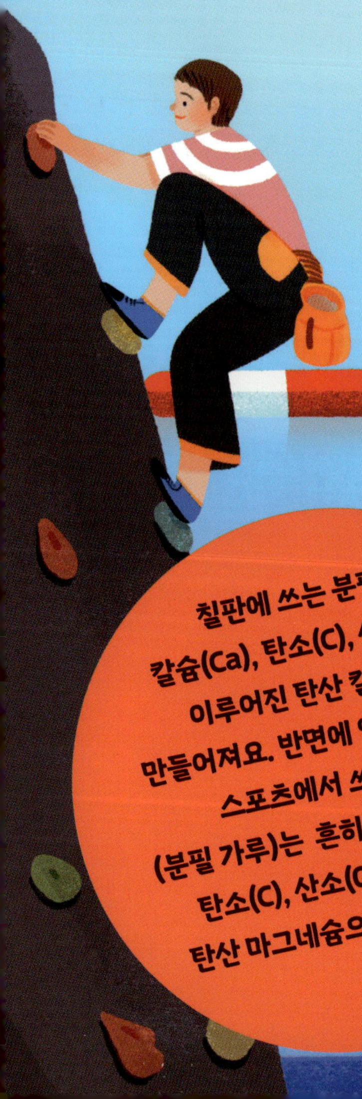

링거 박사는 실수로 수돗물이 아닌 증류수를 썼어요. 수돗물에는 **칼슘(Ca)**이라는 원소가 녹아 있어요. 칼슘 입자는 심장 근육의 수축과 이완을 도와서 심장이 뛰는 데 중요한 역할을 하거든요. 우리는 유제품과 녹황색 채소를 통해 칼슘을 얻을 수 있어요.

칠판에 쓰는 분필은 칼슘(Ca), 탄소(C), 산소(O)로 이루어진 탄산 칼슘으로 만들어져요. 반면에 암벽 등반처럼 스포츠에서 쓰는 초크(분필 가루)는 흔히 마그네슘(Mg), 탄소(C), 산소(O)로 이루어진 탄산 마그네슘으로 되어 있어요.

악기를 연주해요

집에 가기 전에 어쩌면 음악 수업을 받을지도 모르겠네요.
다행히 이제는 악기에 동물 내장을 쓰지 않아요!

징그러운 현악기

19세기 말까지는 기타, 바이올린, 첼로와 같은 악기의 현은 '장선(catgut)'이라는 염소, 양, 말(이상하게도 고양이는 빼고)과 같은 동물의 창자로 만들었어요.

어떤 현은 철(Fe)과 탄소(C)가 섞인 합금강이나 니켈(Ni) 같은 금속으로 만들기도 해요.

나일론의 발견

다행히 더 싸고 강하며 오싹하지 않은 나일론이 1930년에 발견되어서 지금까지 줄곧 쓰고 있어요. 나일론은 **탄소(C), 수소(H), 산소(O), 질소(N)** 원소로 만들어지고, (지루한 학교 조회처럼) 쭉 반복적으로 계속 이어지는 아주 긴 사슬 형태로 이루어져 있어요. 이런 분자는 '고분자'라고 하는데, 셀룰로스처럼 자연적으로 생기거나 나일론처럼 실험실에서 만들 수 있어요.

마침내 집에 갈 시간이에요. 수업이 끝났다고 모두에게 알려 주려고 종이 땡땡 울려요. 종은 구리(Cu)와 주석(Sn)이 섞인 청동이란 합금으로 만들어지죠. 운이 좋으면 방과 후에 파티에 갈 수도 있어요. 그곳에는 파티를 재밌게 만드는 원소가 잔뜩 있어요.

함께 파티를 즐겨요

축구 축제든 신나는 디스코 파티든 어떤 원소가 초대받았는지
알아보는 일은 항상 흥미롭죠.

즐거운 장식

파티용 풍선은 빵빵해지면 훨씬 더 보기 좋아요. **헬륨(He)**은 풍선에 넣기에 딱 좋은 원소예요. 1868년에 최초로 발견된 헬륨은 약 1억 5천만 킬로미터나 멀리 떨어져 있었어요! 거의 비슷한 시기에 두 명의 천문학자인 프랑스의 쥘 장센(1824~1907)과 영국의 노먼 로키어(1836~1920)가 분광학이란 특별한 기술을 이용해서 태양에 있는 헬륨 원소를 관찰했어요. 두 사람은 이전에 지구에서 아무도 보지 못했던 원소를 발견했어요. 로키어는 그리스 신화에 나오는 태양신 헬리오스의 이름을 따서 그 원소에 헬륨이란 이름을 붙였어요.

몇 년 후 지구에서 처음 발견된 헬륨은 (하필이면!) 이탈리아의 베수비오산 용암 안에 있었어요. 헬륨은 **수소(H)** 다음으로 우주에서 가장 흔한 원소랍니다.

헬륨(He)은 파티 외에도 여러 곳에 쓰여요. 헬륨은 기상 연구를 하는 관측용 대형 풍선에 채워 넣기도 하고, 심해 잠수부가 들이마시는 공기에 산소(O)와 함께 섞어 이용되지요. 또 액체 상태로 의료용 스캐너를 냉각하는 데 쓰여요.

기상천외한 거품

파티 장식을 다 했으면, 간식을 확인해 봐요. 탄산음료가 있다면, 돼지 방광으로 탄산음료를 만든 영국의 화학자를 한번 떠올려 봐요.

조지프 프리스틀리(본문 12쪽 참조)를 기억하나요? 프리스틀리는 양조장 옆집에 살았던 덕분에 맥주 거품에서 나오는 기체로 왠지 거품 나는 물도 만들 수 있을 것 같았어요. 프리스틀리는 (풍선처럼 신축성이 있는) 돼지 방광에 맥주 거품의 기체를 모은 다음에, 그 방광으로 물에 거품이 생기는 방법을 알아냈어요. 사실 그 기체는 **탄소(C)**와 **산소(O)**로 이뤄진 이산화 탄소였어요. 이산화 탄소는 오늘날에도 온갖 종류의 탄산음료를 만드는 데 쓰여요. 다행히 더 이상 돼지 방광을 쓰지는 않아요.

돼지 방광 때문에 물에서 특이한 맛이 났대요!

헬륨(He)으로 채운 풍선은 공기(질소(N)와 산소(O)로 이뤄진)로 채운 풍선보다 가벼워서 잘 떠올라요.

즐거운 트림 시간

우리는 음식을 먹거나 음료수를 벌컥벌컥 마실 때마다 조금씩 공기를 삼키고 있어요. 그런데 탄산음료에는 이산화 탄소가 많이 들어 있죠. 이산화 탄소가 밖으로 나오면서, 압력 때문에 입으로 다시 올라오는 바람에… 꺼억! 트림이 나는 거예요.

사람들은 대부분 파티에 케이크가 꼭 있어야 한다고 생각해요. 케이크에 포함된 원소에 대해 더 자세히 알아볼까요?

행복한 순간에 비는 소원

케이크는 맛있을 뿐만 아니라 놀라운 과학으로 가득해요.
자, 놀랄 준비가 되었나요?

마법의 재료

케이크는 대부분 밀가루로 만드는데, 밀가루에는 아주 긴 전분(본문 27쪽에 나온 셀룰로스와 비슷하지만 소화하기 좋은 상태) 사슬로 묶인 포도당이 들어 있어요. 포도당은 **탄소(C), 수소(H), 산소(O)**로 이루어져 있고, 맛있는 케이크의 훌륭한 에너지원이기도 하죠.

케이크 만들기에서 또 하나 중요한 재료는 바로 베이킹파우더예요. 베이킹파우더에는 **탄소(C), 산소(O), 나트륨(Na), 수소(H)**로 이루어진 중탄산 나트륨이 들어 있어요. 베이킹파우더를 다른 재료와 섞으면 콩을 너무 많이 먹을 때 생기는 가스가 나와요.

베이킹파우더를 다른 재료와 섞어 생긴 가스에는 (탄산음료를 만드는 기체와 같은) 이산화 탄소가 나와요. 케이크 반죽 안에 갇힌 이 기포는 가열되면서 오븐 안에서 더 커지죠. 그러면 케이크가 부풀어 올라 폭신폭신한 구멍이 생기고, 케이크는 더 맛있어져요!

초에 불붙이기

생일 파티라면, 케이크를 먹기 전에 '생일 축하' 노래를 부르죠. 그 전에 어른이 몇 가지 원소의 도움으로 촛불을 켜요.

어떤 케이크는 식용 '금가루'로 장식하기도 해요. 그런데 금가루는 주로 철(Fe)과 산소(O)로 이루어진 다양한 산화 철로 색을 입혀요. 진짜 금(Au) 박을 쓰기도 하지만, 훨씬 더 비싸거든요. 금은 소화되지 않고 그대로 몸속을 통과해 버리니까요!

성냥갑 옆면에는 **인(P)**이 있어요. 성냥으로 옆면을 빠르게 획 그으면, (마찰로 생긴) 열로 성냥개비 머리의 화학 물질과 인이 반응해요. 성냥개비 머리에는 **칼륨(K)**, **산소(O)**, **염소(Cl)**, **황(S)**이 들어 있어요. 그러면 펑! 불꽃이 생기죠.

파티가 끝나면, 이제 집에 갈 시간이에요. 걸어가든, 자전거나 버스를 타고 가든, 집에 가는 길을 도와주는 여러 종류의 원소가 있습니다.

집으로 가는 길

집에 가는 길은 좀 지루할 수 있어요. 특히 긴 하루를 보내고 얼른 집에 가고 싶을 때는 더욱 그렇죠. 그럴 때 그 길에서 만나는 다양한 원소를 모두 떠올려 보면 더 빨리 집에 갈 수 있을지도 몰라요.

두 명의 찰스 이야기

걸어가거나 자전거를 타고 집에 가려면 날씨 영향을 많이 받아요. 다행히 몇 가지 원소를 이용해서 날씨로부터 몸을 보호할 수 있어요! 1823년에 스코틀랜드의 찰스 매킨토시(1868~1928)는 비나 눈이 오는 날씨에 걸어도 별로 젖지 않는 발명품을 만들었어요.

두 장의 천 사이에 부드러운 고무층을 끼워 넣어서 방수 재킷을 만드는 물질을 만들었어요. 고무는 고무나무에서 추출한, **수소(H)**와 **탄소(C)** 원자로 이루어진 천연 물질이었어요.

그런데 문제가 하나 있었어요. 고무는 추운 날씨에 딱딱하게 굳고, 더우면 끈적거리며 들러붙었어요. 매킨토시는 온도를 견디는 고무가 필요했는데, 이것은 (미국에 있는) 다른 찰스가 해결해야 했어요.

오늘날의 비옷은 나일론과 폴리에스터가 포함된 다양한 합성(인공) 물질로 만들어요.

1839년에 미국 화학자 찰스 굿이어(1800~1860)는 더 유용한 고무를 만드는 실험을 하다가 실수로 **황(S)**을 입힌 고무를 난로 위에 툭 떨어뜨렸어요. 그러자 고무가 황과 함께 빠르게 생긴 열로 더 튼튼하고 온도 변화에 견딜 수 있는 물질로 변했어요. 굿이어는 이 과정을 로마 신화에 나오는 불의 신 불카누스(Vulcanus)의 이름을 따서 '가황(vulcanization)'이라고 했어요. 그 덕분에 비옷의 기능이 크게 향상되었고, 신발 밑창과 자동차 타이어도 아주 좋아졌어요.

달리는 버스

도로를 달리는 대부분의 차는 휘발유나 디젤처럼 **탄소(C)**가 든 연료를 연소시켜서 바퀴가 굴러가는 데 필요한 에너지를 방출해요. 이런 연료가 타면서 **산소(O)**(본문 13쪽 참조)와 결합해 이산화 탄소(본문 33~34쪽 참조) 기체를 내보내죠. 공기 중에 이산화 탄소가 너무 많으면 지구를 둘러싼 두꺼운 층이 생겨서 심각한 문제를 일으켜요. '담요'처럼 덮은 층이 점점 두꺼워지면 지구가 너무 뜨거워지거든요.

친환경 전기

전기차는 차에 전력을 줄 때 이산화 탄소가 나오지 않는 충전식 건전지를 사용해요. 전기차에 쓰는 대부분의 건전지는 핸드폰과 다른 전자 기기의 건전지와 비슷해요. 이런 건전지를 '리튬 이온 전지'라고 하는데, **리튬(Li)**과 흑연 상태의 **탄소(C)**(28쪽 참조), **알루미늄(Al)**, **구리(Cu)**, **철(Fe)**, **코발트(Co)**, **니켈(Ni)**, **망간(Mn)** 등 많은 원소가 들어 있어요.

건전지를 충전하는 데 쓰는 전기는 풍력이나 태양광 또는 수력 발전소처럼 이산화 탄소가 나오지 않는 방법으로 만들 수 있어요. 그러면 훨씬 더 친환경적으로 집까지 갈 수 있어요.

집에 도착할 때쯤이면 배가 너무 고파서 저녁을 빨리 먹고 싶을 거예요. 여러분이 먹는 모든 음식은 화학 물질이니까, 식탁에서는 알아야 할 원소가 훨씬 더 많이 있어요.

저녁 밥상에서 만나는 것들

피자나 햄버거를 먹을 때는 항상 감자칩도 따라 나와요.
그런데 감자칩에 얹는 소금이 위험한 점도 있다는 사실을 알고 있나요?

소금 뿌리기

고대 로마 시대에는 소금이 귀해서 아주 비쌌어요. 요즘에는 소금을 쉽게 구할 수 있죠. 어느 슈퍼마켓에서도 소금을 구할 수 있고, 부엌에도 대부분 소금이 있어요. 음식에 소금을 뿌려 먹어도 안전하고, 심지어 소금이 녹은 물(바다!)에서 헤엄쳐도 괜찮아요. 하지만 소금에는 몇 가지 비밀이 숨겨져 있답니다.

고대 로마 병사는 얼마간의 급여를 소금(salt)으로 받았는데, 여기서 '급여(샐러리, salary)'란 말이 생겼어요.

소금의 학명은 **나트륨(Na)**과 **염소(Cl)**로 이루어진 염화 나트륨이에요. 나트륨과 염소는 소금으로 결합하면 아주 안전해요. 하지만 그 자체로는 아주 위험하죠!

나트륨은 은회색의 연한 금속으로 물과 닿으면 격렬하게 반응해요! 맨손으로 만지면 심한 화상을 입을 정도로 너무 위험해서, 불이 붙지 않도록 기름 속에 보관해야 해요.

염소는 황록색을 띤 아주 유독한 기체예요. 폐수와 수영장을 소독하는 데 아주 적은 양을 쓰긴 하지만요. 그런데 이렇게 위험한 두 원소를 결합하면 놀라운 변화가 일어납니다. 저녁 식탁 위의 소금 통에 가만히 담겨 있는 흰색의 투명한 고체 결정이 만들어지거든요.

식초 넣기

이제 감자칩이나 샐러드에 식초를 좀 뿌리면 어떨까요? 몇 가지 깜짝 놀랄 만한 사실이 식초에도 숨어 있어요.

식초는 대부분이 물인데, 아세트산에서 톡 쏘는 독특한 맛이 나죠. 아세트산에는 세 가지 원소인 **탄소(C), 수소(H), 산소(O)**만 들어 있어요.

그렇지만 이 세 가지 원소로 만드는 물질이 아세트산만 있는 건 아니에요! 셀룰로스를 기억하나요? 셀룰로스도 '탄소, 수소, 산소'로 이루어져 있어요. 그 밖에도 수크로스(설탕), 아세톤(매니큐어 제거제), 아스코르브산(비타민 C), 에틸렌글리콜(차량 부동액), 젖산(요구르트에 함유) 등 아주 다양해요! 그런데 감자칩이나 샐러드에 이런 물질을 진짜로 모두 넣고 싶지는 않겠죠?

이들이 서로 다르게 만들어지는 이유가 뭘까요? 이들 물질에 포함된 원소의 양과 배열 방식이 모두 다르기 때문이에요.

아세트산 분자에는 각각 탄소 2개, 수소 4개, 산소 2개가 있어요.

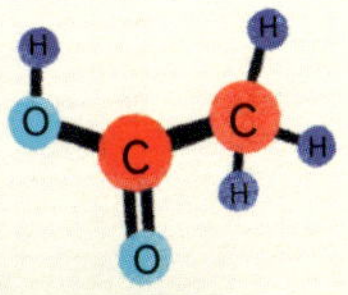

아세트산

아세톤

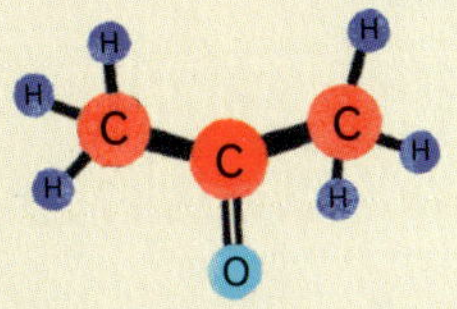

아세톤(매니큐어 제거제) 분자에는 탄소 3개, 수소 6개, 그리고 산소가 1개 있어요.

완벽한 저녁 식사에는 몸에 좋은 채소가 항상 있어요. 채소는 별로 맛있어 보이지 않지만, 그 색깔에는 생각보다 더 놀라운 비밀이 숨겨져 있어요.

몸에 좋은 생기 넘치는 식물

좋아하든 싫어하든, 채소는 어떤 음식과 같이 먹어도 몸에 좋아요. 그런데 식물에는 지구상의 모든 생명체에 꼭 필요한 뛰어난 능력이 있다는 사실을 알고 있나요?

초록 잎의 비밀

식물은 엽록소로 인해 초록 잎을 갖고 있어요. 엽록소는 **마그네슘(Mg)**을 중심으로, **질소(N)**, **탄소(C)**, **수소(H)**, **산소(O)**로 이루어진 구조로 둘러싸인 커다란 분자입니다.

뛰어난 엽록소

엽록소는 식물에서 햇빛을 흡수하는 일을 해요. 식물은 햇빛에서 얻은 에너지를 이용해서 광합성이라는 과정을 통해 스스로 영양분(포도당)을 만들 수 있어요.

색소처럼, 엽록소는 햇빛 속의 초록색 빛을 잘 흡수하지 못해요. 그래서 식물이 초록색을 띠게 되는 거예요. 식물에서 반사된 초록빛이 우리의 눈에 들어오기 때문에 식물이 초록색으로 보이는 거랍니다.

영양분을 만드는 엽록소

식물은 엽록소 분자 안에 태양의 에너지를 가두어, 그 에너지를 포도당이라는 영양분으로 바꿔 써요. 이런 놀라운 능력은 바로 엽록소 덕분이에요. 초록색을 띠게 하는 엽록소가 없다면, 우리는 먹을 것이 하나도 없었을지도 몰라요. 왜냐하면 먹을 식물도 없을 테고, 식물을 먹고 사는 동물들도 사라졌을 테니까요!

식물은 스스로 영양분을 만들 때 산소(O)를 배출해요. 우리는 그렇게 나온 산소로 숨을 쉬어요. **(본문 12~13쪽 참조)**

맛있게 보관된 남은 음식

음식이 너무 맛있더라도 가끔은 다 먹지 못할 때가 있어요. 디저트는 먹을 수 있더라도요. 그럴 때는 냉장고가 필요하죠. 남은 음식을 차갑게 냉장고에 넣어 두면, 쉽게 상하지 않아서 나중에 먹을 수 있어요. 이소부탄처럼 **탄소(C)**와 **수소(H)**로 만든 '냉각제'란 물질은 관을 따라 돌면서 액체에서 기체로 왔다 갔다 변해요. 이 과정에서 냉장고 안의 열이 밖으로 빠져나가, 남은 음식을 시원하고 맛있게 보관할 수 있어요.

저녁을 먹고 잠시 쉬면, 어느새 잠자리에 들어야 할 시간이에요. 자기 전에 읽을거리를 찾고 있다면, 이 책의 마지막 장이 딱 좋아요.

밤을 밝히는 불빛들

매일 하루가 끝나면 가장 아쉬운 순간이 찾아와요. 바로 불을 끄는 순간이에요. 하지만 원소의 마법은 아직 끝나지 않았어요.

계속 빛나는 야광 장식

방을 야광 장식으로 꾸미면 재밌어요. 야광 장식은 대부분 **스트론튬(Sr), 알루미늄(Al), 산소(O)**로 이루어진 알루민산스트론튬을 이용해요. 이 야광 물질은 빛에 노출되면 그 에너지를 흡수해 저장할 수 있어요. 여러분이 받은 용돈을 한꺼번에 쓰지 않고 조금씩 아껴 쓰는 것처럼, 에너지를 곧바로 다 써 버리지 않고 아주 천천히 내보내면서 푸른빛을 내는데, 이 과정을 '인광'이라고 해요.

길을 밝히는 전등

몰래 책을 읽을 때 편리한 손전등은 대부분 **인듐(In), 갈륨(Ga), 질소(N)**로 만든 발광 다이오드(LED)를 사용해요. 예전에 **텅스텐(W)**으로 만든 전구는 LED보다 훨씬 더 많은 에너지를 썼어요.

어두워지면 몸에서 '멜라토닌'이라는 화학 물질이 더 많이 나오기 시작해요. 멜라토닌은 탄소, 수소, 질소, 산소로 이루어져 있는데, 잠이 잘 오도록 해 줘요.

반짝이는 하늘의 별들

창문 밖으로 별이 보인다면, 지금 여러분은 진짜 놀라운 장면을 보고 있는 거예요. 바로 수많은 원소를 만들어 낸 곳이 별이거든요. 우리가 매일 만나는 놀라운 원소들은, 수십억 년 동안 우주에서 일어난 강력한 폭발과 충돌을 겪은 별들 속에서 만들어졌어요.

엄청나게 뜨겁고 밀도가 높은 별의 중심부에서는, 빅뱅으로 우주가 생길 때 나타난 **수소(H)** 입자들이 서로 꽉 뭉쳤어요. 그때 엄청난 에너지가 나오면서 새로운 원소인 **헬륨(He)**이 탄생했어요.

별이 수소를 다 태워 쓰면, 헬륨 입자들이 서로 융합해서 **탄소(C)**와 **철(Fe)**처럼 더 무거운 원소를 만들어요. 마침내 별이 붕괴해서 완전히 사라질 때까지요. 어떤 별은 꽝 하고 크게 폭발하면서 사라지는데, 초신성이란 거대한 폭발로 사라질 때는 **금(Au)**과 **우라늄(U)**과 같은 훨씬 더 무거운 원소를 만들어 내요.

그렇게 해서 우리 주변의 모든 원소가 태어났답니다. 시리얼 속의 철, 연필심 속의 탄소, 우리가 들이마시는 산소, 그리고 바로 여러분을 이루는 수많은 원소들까지 모두요.

따라서 여러분은 그야말로 별에서 떨어져 나온 티끌로 만들어진 존재예요.

지구가 태양을 향해 돌며, 햇살이 창문으로 다시 스며드는 아침을 맞기 전에, 이런 생각을 하며 잠들면 참 좋을 거예요. 좋은 꿈 꿔요!

용어 풀이

광합성 녹색식물이 스스로 영양분(포도당)을 만드는 과정. 햇빛 에너지를 이용해서 공기 중의 이산화 탄소와 흙에서 얻은 물로, 포도당과 산소를 만들어요.

DNA DNA(데옥시리보 핵산)는 생명체가 자라고 움직이는 데 필요한 모든 정보가 든 아주 긴 분자.

망막 눈 뒤쪽의 막. 빛이 망막에 닿으면, 뇌에 신호를 보내서 눈에 보이는 상으로 신호를 바꿔요.

방광 몸에서 오줌을 저장하는 곳.

분자 두 가지 이상의 원자가 서로 결합해요. 원자가 한 종류만 있으면 (예: 산소 원자 두 개로 이뤄진 산소 분자) 원소이거나, 두 종류 이상이면 (예: 탄소 하나와 산소 원자 두 개로 이뤄진 이산화 탄소 분자) 화합물이에요.

빅뱅 과학자들은 대부분 우주가 하나의 점으로 시작했다고 생각하는데, 약 140억 년 전에 우주가 확장하면서 성장하게 된 사건을 말해요.

색소 천, 종이, 페인트처럼 다양한 물질에 색을 입히는 데 쓰이지만, 물이나 다른 액체에 녹지 않는 고체 물질이에요.

수력 전기 강이나 폭포처럼 빠르게 흐르는 물의 힘을 이용해서 만든 전기.

연금술사 현대 화학의 기초를 쌓은 중세의 연금술을 연구한 사람.

염료 천, 음식, 머리카락 등에 색을 입히는 데 쓰는 물질로 물과 다른 액체에 녹아요.

원자 원소를 구성하는 가장 작은 단위.

입자 눈으로 볼 수 없을 정도로 작은 물질을 일반적으로 부르는 이름. 입자에는 원자, 분자, 전자, 양성자, 중성자 등이 있어요.

증류수 물을 끓여서 기체로 만든 뒤에 다시 액체로 응축해서 정제한 물. 이렇게 하면 물에 녹아 있는 무기질이 없어져요.

천문학자 지구 밖의 우주에 있는 모든 것을 연구하는 사람.

합금 두 가지 이상의 원소를 섞어서 만든 금속.

호흡 모든 생명체가 영양분(포도당)을 공기 중의 산소와 결합해서 에너지를 내보내는 과정.

화합물 하나 이상의 원소로 이뤄진 물질(예: 나트륨과 연소로 만들어진 염화나트륨).

찾아보기